Hansjürgen Hassenzahl

AF287634

Arbeitsbuch Catering

Verpflegung an Bord

eines Segelschiffes

Handbuch zur Reisevorbereitung für Gruppenleiter

Anleitung und Beispiele für eine aufregende Fahrt an Bord eines Traditionssegelers mit schmackhaften Speisen .

Selbstverpflegung

Ein Koch an Bord

Schiffsordnung

Urheberrechte

Alle hier vorgestellten Beispiele habe ich persönlich angerichtet und fotografiert . Die Rezepturen wurden von mir über die Jahre erarbeitet und gesammelt in meinem persönlichen Arbeitsablauf . Abgewandelt finden sich Anrichtebeispiele und Rezepturen sicherlich in vielen Rezeptbüchern meiner Lehrlinge und einiger Kollegen . Also keine Geheimnisse , nur einfache Standardbeispiele und klassische Rezepturen , die vielfach erprobt sind .

Titelbild MS Pedro Donker und Coverbild Rückseite MS Wytske Elkje mit freundlicher Genehmigung von :
Reederij Vlaun Holding B.V./V&S Charters , Prinsengracht 31 D , NL-1015 DL Amsterdam

Bilder im Buch
aufgenommen mit Konica Minolta Dimage Z10 oder Canon PowerShot A560
Herstellung und Aufnahme der Speisen von Hansjürgen Hassenzahl

Rezepturen
aus **Ha**nsjürgens **Re**zeptur **Ka**talog Ausgabe 2011

Autor :
Hansjürgen Hassenzahl
A-1030 Wien

Herstellung und Verlag :
Books on Demand GmbH ,
D-22848 Norderstedt

ISBN 978-3-8391-9067-8

für Wieke und Frank

und alle Kapitäne , Smutjes und Reiseleiter
auf Segelschiffen

f

Übersicht

Hansjürgen Hassenzahl

Guten Tag lieber Leser - liebe Leserin

Ich habe diese Buch geschrieben , um mein Wissen gezielt weiterzugeben . Meine vielen Törns auf den Segelschiffen unter einigen Flaggen - Beispielsweise V&S Charters - haben mir gezeigt , oft ist es ein Problem , gute Verpflegung zu organisieren . Professionelle Schiffsköche wissen zu improvisieren , bei Charterfahrten in Selbstverpfegung sind Katastrophen (naja , es gibt ja immer noch Butterbrot !) oft Realität .

Catering an Bord , das sollte immer ein gut durchdachtes Projekt sein .

Gruppenverpflegung - meist in Eigenregie der Gruppenleiter - oft ein mißverstandenes Unterfangen . Denn , was Vielen nicht bewußt ist , das auf langen Törns der Schiffskoch eine wichtige Rolle spielt . Bei mehrtägigen Reisen auf großer Fahrt mit englischer Wache , der Skipper gibt den Kurs an , der Koch bestimmt mit guter Verpfegung die Moral und die Grundstimmung auf dem Schiff . Schlechtes Essen macht Krank .

So , ich hoffe , meine Anregungen können Vielen helfen , einige angenehme Stunden an Bord auch kulinarisch genießen zu können .
Gruppenleiter finden Ideen , vorab Pläne zu erstellen für gezielte Mitteilungen an ihe Teilnehmer mit den nötigen Informationen .

Wachpläne , Aufbau und Einkauf der Verpflegung . Tipps . Rezepturen der Mahlzeiten . Kalkulationen und Zubereitung . Dazu ein paar nette Bilder findet Ihr auf den nächsten Seiten .

So , dann beginnen wir mal mit dem Wachplan . Wachplan , was ist das ? Der Wachplan regelt die Pflichtarbeiten an Bord !

" Ach Nein . Wir wollen doch Spaß haben . Pflichten haben wir auch ? "
Tja , das ist keine Kreuzfahrt , ein Segeltörn ist immer ein Abenteuer , mit Erinnerungen , die man nicht vergißt .

Die englische Wache

Beginnen wir mal mit einem mehrtägigen Törn , ohne Küstenkontakt . Da sollte eine erfahrene Person (der Smut - der Schiffskoch) die Backschaft (den Küchendienst) organisieren . Oft wird hier die englische Wache eingesetzt . Das sind auf den Tag verteilt 6 x 4 Stunden Dienst , in der üblicherweise 2 bzw. 3 Teams (Wachmanschaften) , die sich immer abwechseln . Die letzte Tageswache von 16 bis 20 Uhr wird in eine erste und letzte Hundewache geteilt , damit die Wachmannschaft nicht immer in der gleichen Wache eingeteilt wird .

Wache 1
Die 4 Stunden in der Ruderwache sind in Abstimmung mit dem Kapitän ausschließlich für das Boot bestimmt . Wobei auch Reparaturarbeiten und Reinigungsarbeiten hier an der Tagesordnung sind , auch die Segeldienste und Hilfe des Rudergängers .

Wache 2
Die 4 Stunden in der Backschaft zur Versorgung der Mannschaft ist eine angenehme Wache . Zu den vorgegebenen Zeiten - meist zum Wachwechsel - wird die Mannschaft mit Essen versorgt . Frühstück , Mittagessen , Teetime - Kaffee , Abendessen , Mittelwächter , Imbiß . Jedoch ist die Wache 2 jederzeit in Bereitschaft , der Wache 1 beim Segelmanöver zu helfen .

Wache 3
Die 4 Stunden der Freiwache sind zum Ausruhen und Schlafen da . In dieser muß nur mitgeholfen werden , wenn es der Segelbetrieb erforderlich macht .

Entsprechend dem Wachplan gibt es zwischen den Wachdiensten auch etwas zum Essen . Je nach Tageszeit :

8°° **Frühstück** : ein kräftiges Frühstück , den das Tagwerk beginnt , Arbeiten für das Boot werden jetzt begonnen . Da wird ein wacher Verstand und Kraft gefordert .
12°° **Mittag** : etwas LEICHTES ; nicht zu groß und schwer .
16°° **Kaffee oder Teatime** : Ob kleiner Snack oder Kuchen . Die Mannschaft wird nochmal mitgerissen , neue Kraft um das Tagwerk zubeenden .
20°° **Abendessen** : ein gutes Essen , auf das sich die Mannschaft freut . Das Tagwerk ist beendet , Ruhe kehrt auf dem Schiff ein , jeder freut sich , nur noch seine Nachtwache zutun und auf die Mütze voll Schlaf .
24°° **Mittelwächte**r : klassischer Wachwechsel mit einem Eintopf oder Gulasch . Im Norden ist es kalt , der Rudergänger freut sich über etwas Warmes . Sandwiches tun es manchmal auch .
4°° **Nachtwache** : aus der Koje zur Nachtwache . Auch der Koch kommt kurz mit verschlafenen Augen hoch . Ich habs mir da immer einfach gemacht mit ein paar Würstchen , Brot , Wurst , Käse und viel Kaffee . Und ab zurück in die warme Koje .

Die Wache bei Gruppenreisen

Standard ist es , den Gruppen die Möglichkeit zu geben für Erholung und Besichtigung der angefahrenen Häfen - Je nach Ziel , Art der Gruppe und deren Einstellung - und besonders nach Wetterlage kommt es schon mal vor , das erst zu Mittag ausgelaufen wird oder kurz nach Mittag der nächste Hafen angelaufen wird . Danach richtet sich der Wachplan .

Aber bedenke : Wir sind auf einem Segelschiff , nicht auf einem Dampfer oder Passagierschiff . Hast Du Dir die Traumschiff Sendungen angeschaut , glaubst , hier ist es genauso . Irrtum . Auf Segelschiffen gilt immer noch eine Hand für die eigene Sicherheit , eine Hand für das Schiff . Sei jederzeit bereit , der Mannschaft beim Segel setzen behilflich zu sein . Aber es macht Spaß , zu sehen , was man alles leisten kann , wenn mit Deiner Hilfe die Segel im Wind stehen und das Boot richtig Fahrt auf nimmt . Auch wenn Du meist auf Deck in der Sonne liegst und die herrliche Aussicht genießt .

Und bei Sellbstverpflegung bist auch Du mal für die Backschaft zuständig .

Standardmäßig gehen wir mal davon aus , wir haben schönes sonniges Wetter mit mittlerer Windstärke , Ablegen um 8 Uhr , geplante Ankunft frühestens 19 Uhr .

Standardwache Gruppenreise - auch Eigenverpflegung (Wachaufteilung Gruppe 20 Personen)

8°° **Frühstück** : Frühstücksbüffet oder einfach alles auf den Tischen verteilen ? Die Entscheidung ist einfach . Jugendgruppen , wo der Hauptbestandteil aus Magarine , Nougatkrem , Käse , Brötchen und Tee besteht , alles auf den Tisch . Reifere Gruppen mit größerer Auswahl , da sollte schon ein kleines Frühstücksbüffet erstellt werden . Es kann die Wurst , der Käse und der Lachsaufschnitt öfters ausgewechselt werden , ist frischer und nichts verdirbt .

11°° **Mittag** : Pasta und Salat , Eintöpfe und Suppen . Einfache Gerichte schnell gezaubert , um die Zeit nicht zu verschwenden und die Fahrt genießen zu können .

15°° **Kaffee oder Teatime** : Ein kleiner Snack oder bevorzugt Kuchen .

19°° **Abendessen** : Die Hauptmahlzeit an Bord . Jeder freut sich , den Tag vollbracht zu haben und nochmal im nächsten Hafen Zeit für einen Landgang zu haben (festen Boden unter den Füßen) .

16°° **Snack am Abreisetag** : Damit Ihr nicht hungrig eure lange Heimreise antreten müßt , gibt es noch eine Suppe , Brot und wenn übrig Wurst und Käse

Nachtsegeln 1998 MS Willem

Die Wache bei Tagesfahrten

wie immer gilt : auf Segelschiffen hat Jeder - ob Gast oder Crewmitglied - eine Hand für die eigene Sicherheit , eine Hand für das Schiff . Sei jederzeit bereit , der Mannschaft beim Segel setzen behilflich zu sein .

Was natürlich fast nicht vorkommt , da bei Tagesfahrten immer mit großer Besatzung gefahren wird - auch wenn sich die Besatzung über jede Hilfe freut und Euch gerne etwas beibring . Auch ist bei Tagesfahrten ein Koch an Bord . Seid glücklich und schätzt es , denn Ihr dürft 100%ig die Fahrt genießen . 100% Spaß , Ihr werdet verwöhnt .

meist kommt ihr gegen

8^{00} **an Bord und bekommt einen Sektempfang mit einen Snack** : wie belegte Brötchen , kleine kalte Snacks oder Fingerfood , Kaffee

11^{00} **Mittag** : die obligatorische Suppe zur Stärkung

13^{00} **Mittag** : Je nach Buchung ein kleines Menü oder ein reichhaltiges Büffet

15^{00} **Kaffee oder Teatime** : Ein kleiner Snack oder bevorzugt Kuchen .

19^{00} **Abendessen** : bei langen Fahrten kommt Ihr in der Vorzug , ein abwechslungsreiches maritimes Büffet vorzufinden . Der krönende Abschluß .

Personalbedarf - Standard und Luxus

ein Traditionssegler im Charter benötigt natürlich eine Crew , die das Schiff fährt und die Sicherheit gewährleistet .

Der Skipper / Kapitän , ohne Ihn geht gar nichts .

Diese Entscheidung unterliegt ausschließlich dem Kapitän .
Der Maat / Steuermann , zur Ausführung und Leitung der Arbeiten , unbedingt ein Muß .

Matrosen . Einige Boote haben Einen , andere 20 . Je , nach dem , wie groß das Schiff ist und wie Ihr das Schiff chartert .

Eure Entscheidung , müßt Ihr sparen oder gönnt Ihr Euch Luxus , fahrt Ihr mit Freunden / Klassenfahrt oder veranstaltet Ihr ein Promotion für eure Firma !
Der Smut / Koch . Bei Selbstverpflegung ist es üblich , das Ihr die Crew zum Abendessen einladet . Wenn Ihr Euch das nicht antuen wollt : Einkaufen , Lagern , Essen zubereiten . Bis 20 Personen benötigt Ihr einen Koch , darüber ein Küchenteam mit 2 Smutjes , teils auch mehr .

Servicepersonal für Getränke , Beladen der des Schiffes , Reinigung , ... etc . Bis 25 Personen sollte ein bis zwei zusätzliche Crewmitglieder genügen , bis 30 Personen mindestens 2 und bei großen Gruppen ab 40 Personen benötigt Ihr 3 bis 6 zusätzliche Crewmitglieder .

die Planung der Reise

Jetzt haben wir Uns über das Essen Gedanken gemacht . Klar , darum geht es ja in diesem Buch. Jetzt kommt aber das fehlende " Aber "

Haben wir Uns schon Gedanken gemacht " Wo wollen wir den hin ? " Der Abfahrtstermin mit dem Hafen und der Ankunftshafen sind Uns ja durch die Buchung vorgegeben .

20 gestandene Männer wollen natürlich mehr Abenteuer , eine Schulklasse Spaß und eine Präsentationsfahrt oder Firmenfeier eine ruhige und sonnige Fahrt .

Toll ist es schon , wenn man Glück hat eine Eventfahrt gebucht zu haben wie Wandern und Segeln oder Segeln und Radfahren . Da übernimmt die Reederei mit dem Reiseleiter die Tourplanung . Ist ja auch toll , mit dem Rad oder bei einer Wanderung die Sehenswürdigkeiten der Gegend kennenzulernen und mit dem Schiff von einem Highlight zum Anderen zu segeln .

Wer nicht die Möglichkeit hat oder es sich nicht nehmen lassen will , macht es selbst . Gute Ideen hole ich mir immer in guten Reisebüchern . Und die Reiseplanung anhand von Karten gestalten geht gut über openstreetmap.de oder freietonne.de . Und das zur Zeit sogar gratis .

So . Ihr habt Euch Gedanken gemacht über das " wohin fahren wir ? " und " wer kommt alles mit zu unserem Abenteuer ? " Jetzt heißt es herauszufinden , was wollt ihr essen ? Luxus oder Selbstversorgung ? Vegetarier dabei , Moslems oder hat jemand eine Allergie oder darf krankheitsbedingt nicht alles essen ? Das hilft bei der Entscheidung : kauft Ihr alle Lebensmittel zuhause ein und bringt bis auf einige Kleinigkeiten Alles mit ? Oder könnt Ihr über die Reederei bei einem Schiffsversorger Alles bestellen ? Ist aber teurer als Selbsteinkauf ? Wie hoch ist euer Budget ?

Vorab zu klären ist auch das Alter der Teilnehmer . Jugendgruppen müssen vorher schon mal über spezielle Bedürfnisse der Reise informiert werden . Verteilen von Schiffsordnung , Gepäckliste , usw. reicht da nicht aus , sollte durchgesprochen werden . Wird ein Bordbuch geführt als Reisebericht ? Wer hat das Vergnügen ?

Hoffe , Ihr findet einige Antworten hier in meinem Buch . Sonst steht für alle offenen Fragen das Reisebüro oder eure Reederei , wo Ihr gebucht habt , mit rat und tat zu Seite .

Die Schiffsordnung

regelt das Leben und die Sicherheit an Bord

Die grundsätzlichen Regeln

Die Regeln an Bord sind bindend für Alle . Sie regeln den Ablauf an Bord und sind zwingend notwendig für ein reibungsloses Miteinander und für unsere Sicherheit .

Bei sicherheitsrelevanten Anweisungen des Skippers ist Ihm unbedingt unverzüglich Folge zu Leisten . Ohne Diskussion , das können wir später besprechen . Denn der Skipper kennt die Lösung zu den Problemen . Unsere Sicherheit ist Ihm ein wichtiges Anliegen , darum hat der Skipper immer das letzte Wort .

Absolutes Rauch- und Alkoholverbot auf dem Schiff , besonders in den Kabinen und unter Deck . Ob und wo auf Deck geraucht werden darf , entscheidet der Skipper zum Wohle Aller und zur Vermeidung eines Brandes .
Alkohogenuss nur in der Messe oder im Aufenthaltsraum nach Einfahrt in den Hafen . Bei Jugendgruppen ist Alkoholgenuss nicht erwünscht .

Wir haben viel Wasser um uns herum . Aber das Trinkwasser steht uns nur bedingt zur Verfügung . Ausgiebig Duschen bitte nur im Hafen in den Duschkabinen . Natürlich soll darunter die Hygiene nicht leiden , Waschen und ab und zu eine kurze Dusche sind OK .

Das Gleiche gilt für Strom . An Land und wenn der Generator läuft , haben wir 220 V , aber sonst nur 12 V . Geht sparsam damit um .

Eines der größten und ständig auftretenden Probleme ist die Toilette . Die Toilette ist nur für eure Notdurft , also nur , was Ihr gegessen und getrunken habt . Weder Essensreste noch Damenbinden , Tampons , ... Aber die Rohre und der Abfallschredder verstopfen sofort . Und wenn der Skipper nicht gleich mühsam das System zerlegt müsst Ihr schon mal einige Stunden aushalten , bis Ihr wieder auf Toilette könnt . Und das ist eklig , wenn es stinkt .

Zu den klassischen gehört auch die Ordnung an Bord . Das beginnt damit , das Ihr besser mit einer Tasche , Rucksack oder Seesack anreist , der leichter verstaubar ist als ein sperriger Koffer , der Euch immer nur im Weg herum steht . Und reduziert die Unfallgefahr in den kleineren Kabinen . Das Gleiche gilt auch im restlichen Schiff . Jeder Gegenstand , der achtlos im Weg liegt , ist eine Unfallgefahr . Das Schiff bewegt sich , bei jedem Manöver sind schlecht verstaute Gegenstände gefährlich . Besonders bei rauem Wetter .

Hansjürgen Hassenzahl

Besondere Regeln für Gruppen

Dies gilt besonders für Jugendgruppen an Bord . Der Törn beginnt damit , das Ihr einer Mannschaft zugeteilt werdet . Dies beinhaltet , das zur Sicherheit und zum Führen des Segelschiffes an Bord ab und zu mehr Hände gebraucht werden als die Stamm Crew . Dazu gehört es , bei Segelmanövern mitzuhelfen (das macht richtig Spaß) und natürlich der Backschaftsdienst .

" All Hands " haben immer Priorität , dienen Sie doch unserer Sicherheit .

absolutes Drogen- und Alkoholverbot . Ausnahmen regelt der Gruppenleiter nach Rücksprache mit dem Skipper .

Der Proviantkasten ist tabu , Entnahmen von Lebensmitteln und Getränken nur mit Erlaubnis des Koches .

Respektiert die Privatsphäre der anderen Teilnehmer und der Crew . Die Kajüten und Kammern sind verbindlich , jede Umbelegung geht nur mit Absprache des Reiseleiters oder Skipper .

Bitte fragt erst den Skipper , ob Er euch die Erlaubnis gebt , in die Rigg oder auf den Mast zu steigen . Und dann immer nur unter Aufsicht , mit Sicherheitsgurt und unter Einhaltung der Sicherheitsvorschriften .

Landgang , ja sicher doch . Wir wollen ja wissen , wo wir sind . Aber wie immer gibt es Regeln . Immer abmelden . Sehr wichtig . Am Besten auch sagen , wo wer hin will . Es ist unangenehm , wenn der Reise- oder Gruppenleiter auf Euch warten muss , wenn das Schiff schon weg ist und Ihr auf eure Kosten nachreisen müsst . Und bedenkt , wir sind nur Gäste . Verhaltet Euch auch so im Hafen . Beachtet auch die Schiffsruhe von 22:00 bis 6:00 Uhr .

Der Backschaftsdienst in der Küche . Gilt meist nur bei Gruppenreisen , wobei der Koch sich immer über jede Hilfe freut . Denkt dran , der Koch ist nach dem Skipper wichtig an Bord . Schlechtes Essen macht Krank und wenig Freude . Und wir wollen ja viel Spaß auf unserer Reise haben .
Das bedeutet , das die Mannschaft , die gerade am Zug ist , morgens 30 Minuten vor dem Frühstück in der Messe (Gemeinschaftsraum) da ist und beim Aufdecken hilft . Und hinterher beim Aufklaren und Abwaschen . Das Gleiche beim Lunch und Dinner , je nach Absprache mit dem Koch .
Auch schaut der Backschaftsdienst , ob die Toiletten und Aufenthaltsräume sauber sind . Helft Euch gegenseitig , haltet es sauber . so habt Ihr weniger Arbeit .

Dokument Schiffsordnung Traditionssegler Charter kann auf meiner homepage
hassenzahl.bodautor.de als PDF Datei zum Ausdrucken gratis heruntergeladen werden

---

Hansjürgen Hassenzahl

**Seite
15**

Checkliste Gepäck

Pflicht

☐ Ausweispapiere   Reisepass oder Personalausweis , die sollten auf jedem Fall über die Reisezeit hinaus noch einige Wochen gültig sein

☐ Visum   bei ausländischen Gästen auch innerhalb Europas jedoch auch für uns Europäer , je nach Reiseziel erforderlich

☐ Auslandskrankenschein   immer wertvoll

☐ Impfpass   zumindest bei Reisen in ferne Regionen vorher kontrollieren

☐ Taschengeld   um an Land etwas zu kaufen , aber nicht vergessen , je nach Gruppe und Buchung sind auch noch 15 Euro Verpflegungsgeld pro Tag einzurechnen

Wichtig

☐ Bekleidung   warme Kleidung wie Pullover , Mütze , lange Hosen denn es kann auf dem Meer schnell mal kalt werden auch im Hochsommer

☐ Ölzeug   perfekt ist natürlich wind- und wasserdichte Segelbekleidung
es geht natürlich auch eine gute Wind- und Wasserfeste Regenjacke und Hose , passend dazu Gummistiefel

☐ Bordschuhe   Schuhe mit hellen und weichen Sohlen sind optimal

☐ Badelatschen   oder Sneakers - in der Marina zum Duschen

☐ Sonnencreme   mit hohen Faktor , die Sonnenstrahlung wird durch das Meer reflektiert und verstärkt

☐ Sonnenbrille

☐ Handtücher   1 zum Baden und 1 zum Duschen

☐ Küchentücher   bei Selbstverpflegung empfehle ich 2 Küchentücher pro Gast

☐ Bettzeug   je nach Buchung ist nicht immer Bettzeug inkludiert , also Schlafsack , Kissenbezug und Bettlaken mitbringen

---

Dokument Checkliste Gepäck Crew Charter kann auf meiner homepage hassenzahl.bodautor.de als PDF Datei zum Ausdrucken gratis heruntergeladen werden

Checkliste Gepäck

Nützlich

- ☐ Fotokamera   für Eure Urlaubserinnerungen
- ☐ Fernglas
- ☐ Handschuhe   zum Spaß haben beim Helfen , wenn ihr mit Segel setzt

Fehl am Bord

Stöcklschuhe , Regenschirm , Drogen
Hartschalenkoffer , wenn möglich Seesack , Rucksack oder Leinentasche
verwenden

Dokument Checkliste Gepäck Crew Charter kann auf meiner homepage
hassenzahl.bodautor.de als PDF Datei zum Ausdrucken gratis heruntergeladen werden

Hansjürgen Hassenzahl

Seite
17

bunter Salat　　　　　　　　　　Schafskäsesalat

Penne mit Rucola　　　　　　　Crêpes mit Kartoffelfülle

Hähnchenbrust in Pfeffersoße　　Apfelstrudel mit Vanillesoße

Der Klassiker

das Wochenende an Bord

das klassische Wochenende an Bord . Ihr kommt Freitag am Abend an Bord . Freitags bleiben wir meist noch Abends im Hafen . Die Ersten wollen es ausnützen , sind schon um 18 Uhr da . Naja , da gibt es auch noch die Damen und Herren , die können nicht so früh weg von der Arbeit . Spätestens Samstag Morgen müssen schon Alle da sein , damit wir frühzeitig ablegen können . Wir wollen ja Segeln .

Ob und wenn wann wir den Hafen anlaufen , kommt natürlich auf Euch an . Samstag Abend Party an Bord ? Am Besten im Hafen oder vor einer Insel , nachdem wir den Anker ausgeworfen haben . Grundsätzlich ist Alkoholgenuß während des Segelns nicht erwünscht . Wer will denn schon besoffen über Bord gehen ?

Der Sonntag ist dann schon wieder für die Rückfahrt gedacht . Gemütlich die Fahrt genießen .

Ach so , das ist ja ein Buch über Catering , unterhalten wir Uns mal darüber , was wir kochen wollen . Nehmen wir einen Koch mit oder sparen wir uns das Geld , machen es selbst ?

Auf den folgenden Seiten findet Ihr erstmal " mein klassisches Wochenendmenü " und folgend noch ein zweites einfaches Menü mit den passenden Einkaufslisten . Beispiel - Rezepturen am Buchende im Kapitel Rezepturen .

da die meisten Charterboote im deutschsprachige Raum am Wochenende Freitag ab 18/19 Uhr bis Sonntag 16/18 Uhr vermietet werden , habe ich so mein Menü kalkuliert . Änderungen natürlich immer möglich !

klassische Mahlzeitenfolge wie im Wachplan auf Seite 7 beschrieben :

8°°	Frühstück
12°°	Mittag / Snack / Mittagsimbiss
16°°	Kaffee oder Teatime
20°°	Abendessen / Dinner

Einkaufen würde ich alles vorher und mit an Bord bringen . OK , Kleinigkeiten fehlen immer wieder , aber das geht auch noch kurz vorher . So ist ein entspanntes Wochenende garantiert .

" mein klassisches Wochenendmenü an Bord "

Menüvorschag Freitag

Frühstück

Anreise

Lunch

Anreise

Kaffee

Kaffee , Kuchen , rechlich und gut belegte Brötchen , Obst
HaReKa 327 bis 335

Dinner

Käsesuppe
HaReKa 101

*  *

Hühnerbrust mit grünem Pfeffer
Reis
Tomatensalat
HaReKa 125 + HaReKa 340

oder

Zucchini gefüllt mit Gemüse
Reis
HaReKa 194

*  *

Apfelstrudel mit Vanillesoße
gekauft + HaReKa 16

" mein klassisches Wochenendmenü an Bord "
Menüvorschag Samstag

Frühstück

Kaffee , Tee, Milch
Rühreier mit Schinken , Tomate und Gurke
Brot , Butter und Brötchen
Marmelade und Nougatkrem
Wurstaufschnitt , Käse und Schinken

Lunch

Bunter Blattsalat
HaReKa 342

* *

Seemannsschmaus
Bandnudeln mit Lachs und Shrimps
HaReKa 326

* *

Melone

Kaffee

Kaffee , Kuchen , Obst

Dinner

gebratener Schafskäse
garniert mit Blattsalat
HaReKa 343

* *

Schweinesteak mit Kräuterbutter
Rahmkartoffeln
Brokkoli in Nussbutter
HaReKa

oder

Pfannkuchen mit Kartoffelfüllung
Brokkoli in Nussbutter
HaReKa + HaReKa

* *

Mousse au chocolat mit Eierlikörsahne und Waldbeeren
HaReKa

" mein klassisches Wochenendmenü an Bord "

Menüvorschlag Sonntag

Frühstück

Kaffee , Tee, Milch
Rühreier mit Schinken , Tomate und Gurke
Brot , Butter und Brötchen
Marmelade und Nougatkrem
Wurstaufschnitt , Käse und Schinken

Lunch

Räucherfischplatte mit Meerrettich Dip und Baquettes
HaReKa 339

* *

Putenfleisch in Streifen in milder Chilisoße
Reis
Karotten - Ingwer Gemüse
HaReKa 341 + HaReKa 338

oder

Penne
mit Tomate und Rucola
HaReKa 95

* *

Panna Cotta
HaReKa 133

Kaffee

Kaffee , Kuchen , Obst

Dinner

Gulaschsuppe
HaReKa 345

Heimreise

" mein klassisches Wochenendmenü an Bord "

Die Beispiel - Einkaufsliste für Selbstversorger
Freitag für 20 Personen

Freitag Seite 1/1

1500	g	Butter
600	g	Mozzarella
4000	ml	Milch 3,5%
300	g	Frischkäse
1500	ml	Schlagrahm / Sahne / Obers
800	g	Gouda in Scheiben
1000	ml	Crème Fraîche
800	g	Käse gerieben
100	g	Parmesan frisch geschabt
2	Köpfe	Blattsalat
1000	g	Zwiebeln
1500	g	Tomaten
1	Bund	Salbei
1	Bund	Petersilie
1	Bund	Schnittlauch
1	Knolle	Knoblauch
2000	g	Äpfel
1000	g	Bananen
1	Flasche	Weißwein
1	Flasche	Balsamico
1	Flasche	Olivenöl 1000 ml
800	g	Räucherlachs
800	g	Salami geschnitten
800	g	Rohschinken geschnitten
4	Stangen	Apfelstrudel = ca. 2000 g
1	Pk	Puddingpulver Vanille (37g)
100	g	Mayonnaise
1000	g	Salz
		Pfeffer
		Muskat
1000	g	Reis
1000	g	Mehl
1000	g	Zucker
1	Glas	grüner Pfeffer in der Lake ca. 100 g
1	Glas	Cornichons ca. 250 g
1	Glas	Maiskölbchen ca. 250 g
1	Glas	Pesto ca. 80 g
2000	g	Kaffee

Beispiel - Einkaufsliste ohne Gewähr der Vollständigkeit . Bitte nach eigenen Bedürfnissen der Gruppe ergänzen - vermindern und fehlende Wünsche im Vorfeld klären .

Der Klassiker

Hansjürgen Hassenzahl

Seite
25

" mein klassisches Wochenendmenü an Bord "
Die Beispiel - Einkaufsliste für Selbstversorger
Samstag 20 Personen

1000	g	Butter
1000	g	Emmentaler gerieben
4000	ml	Milch
1000	g	Käseaufschnitt
500	g	Sauerrrahm
500	ml	Schlagrahm
1000	g	Brotaufschnitt
50	pce	Brötchen frisch vom Bäcker oder zum Aufbacken
10	pce	Baquettes
2	pce	Kuchen , je 1500 g
1000	g	Mehl
1	Glas	Senf zu 100 g
1 bis 3	Dosen	Kidneybohnen , mit zusammen 900 g Inhalt
1 bis 3	Dosen	Mais , mit zusammen 600 g Inhalt
1	Pk	Paprika Edelsüß ca. 38 g
400	g	Reis
1	Pk	Oregano max. 5 g
1	Pk	Kümmel max. 10 g
1000	g	Zucker
1500	g	Fruchtcocktail
1500	g	Tomaten geschält aus der Dose
1	Dose	Tomatenmark zu 100 g
1	Flasche	Rapsöl 1 Liter
4	Glas	Nougatkrem
1	Glas	Honig
1	Glas	Pfirsichmarmelade
1	Glas	Erdbeermarmelade
1	Pk	Früchtetee zu 50 Beutel
1	Pk	Tee Pfefferminz zu 50 Beutel
1	Pk	Tee schwarz zu 50 Beutel
1000	g	Kaffee gemahlen

Hansjürgen Hassenzahl

Beispiel - Einkaufsliste ohne Gewähr der Vollständigkeit . Bitte nach eigenen Bedürfnissen der Gruppe ergänzen - vermindern und fehlende Wünsche im Vorfeld klären .

Die Beispiel - Einkaufsliste für Selbstversorger
Samstag 20 Personen

Samstag Seite 1/2

Der Klassiker

60	pce	Eier frisch
1	Bund	Koriander
300	g	Tomaten
1	pce	Schlangengurken / Gemüsegurken
1	Pk	Chili
1	pce	Ingwer
1	Knolle	Knoblauch
1	Bund	Dill
200	g	Zwiebeln
2	pce	Melone
1000	g	rote Beete / Rüben
5000	g	Kartoffeln
1000	g	Bananen oder Obst nach Wahl
1000	g	Äpfel oder Obst nach Wahl
1000	g	Pfirsiche oder Obst nach Wahl
1000	g	Orangen
1000	g	Fenchel
1000	g	Brokkoli frisch oder TK
1000	g	Waldbeeren / Erdbeeren frisch oder TK
500	g	Gemüsemischung in Würfeln
1500	g	Lachsfilet
1000	g	Shrimps oder Garnelen
4200	g	Hackfleisch
1000	g	Schinkenaufschnitt gemischt
1000	g	Käseaufschnitt gemischt
600	g	Schwarzwälder Schinken geschnitten

Beispiel - Einkaufsliste ohne Gewähr der Vollständigkeit . Bitte nach eigenen Bedürfnissen der Gruppe ergänzen - vermindern und fehlende Wünsche im Vorfeld klären .

Hansjürgen Hessenschel

" mein klassisches Wochenendmenü an Bord "
Die Beispiel - Einkaufsliste für Selbstversorger
Sonntag für 20 Personen

Sonntag Seite 2/2

Der Klassiker

I	Pk	Oregano
I	Pk	Koriander
I	Pk	Fenchelsamen
I	Pk	Kümmel
I	Pk	Paprika Edelsüß ca. 40 g
I	Dose	Tomatenmark ca. 80 g

Beispiel - Einkaufsliste ohne Gewähr der Vollständigkeit . Bitte nach eigenen Bedürfnissen der
Gruppe ergänzen - vermindern und fehlende Wünsche im Vorfeld klären .

" mein klassisches Wochenendmenü an Bord "
Die Beispiel - Einkaufsliste für Selbstversorger
Sonntag für 20 Personen

750	g	Butter
3000	ml	Milch
400	g	Frischkäsezubereitung
2000	g	Schlagrahm
500	g	Käseaufschnitt
200	g	Parmesan
40	pce	Eier
1	pce	Schlangengurken / Gemüsegurken
200	g	Rucola
200	g	Cherrytomaten
200	g	Jungzwiebeln / Frühlingslauch
200	g	Sojasprossen
3000	g	Zwiebeln
2000	g	Karotten
1	Knolle	Ingwer
1	Bund	Koriander
1	Knolle	Knoblauch
1000	g	Kartoffeln
1000	g	Paprika
2500	g	Rindsschulter
3200	g	Putenbrust
1000	g	Räucherlachs
6	Hälften	Forellenfilet geräuchert
4	Hälften	Pfeffermakrele
2	pce	Kuchen , je 1500 g
4	pce	Baquette zu 300 g
50	pce	Brötchen frisch vom Bäcker oder zum Aufbacken
1	Flasche	Rapsöl
1000	g	Reis
500	g	Penne
1000	g	Kaffee
1000	g	Zucker
1	Flasche	Sesamöl
1	Flasche	Chilisauce süß
1	Flasche	Sojasoße
1	Glas	Meerrettich zu 50 g
2	Pk	Gelantine zu je 8 Blatt = 16 Blatt
1	Pk	Vanillezucker von 20 g

Beispiel - Einkaufsliste ohne Gewähr der Vollständigkeit . Bitte nach eigenen Bedürfnissen der Gruppe ergänzen - vermindern und fehlende Wünsche im Vorfeld klären .

Der Klassiker

Hansjürgen Hassenzahl

Fenchelsalat mit Rohschinken

Fischvariation

Hühnerbrust an Pfeffersoße

Spargel und Schnitzel

Thunfisch mit Tempuragemüse

Ofenkartoffel mit Sauerrahm

Das Wochenende

an Bord eines Traditionsseglers

ein weiteres Beispiel für eine Mengenkalkulation der Speisen

" Das Wochenende an Bord eines Traditionssegler "

Menüvorschag Freitag

Frühstück

Anreise

Lunch

Anreise

Kaffee

Kaffee , Kuchen , rechlich und gut belegte Brötchen , Obst
HaReKa 327 bis 335

Dinner

Käsesuppe
HaReKa 101

*  *

Hühnerbrust mit grünem Pfeffer
Zucchini gefüllt mit Gemüse
Reis
HaReKa 194

*  *

Apfelstrudel mit Vanillesoße
gekauft + HaReKa 16

" Das Wochenende an Bord eines Traditionssegler "

Menüvorschag Samstag

Frühstück

Kaffee , Tee, Milch
Rühreier mit Schinken , Tomate und Gurke
Brot , Butter und Brötchen
Marmelade und Nougatkrem
Wurstaufschnitt , Käse und Schinken

Lunch

Chili Con Carne
Brot
HaReKa 57

Reispudding mit Früchten
HaReKa 299

*  *

Melone

Kaffee

Kaffee , Kuchen , Obst

Dinner

Fenchelsalat
mit Rohschinken
HaReKa 269

* *

Lachsfilet gebraten
Käse - Brokkoli Reibeburger
Petersilienkartoffeln
rote Beete Salat
HaReKa 76 + HaReKa 216

* *

Vanilleeis mit Waldbeeren
HaReKa 275

" Das Wochenende an Bord eines Traditionssegler "
Menüvorschag Sonntag

Frühstück

Kaffee , Tee, Milch
Rühreier mit Schinken , Tomate und Gurke
Brot , Butter und Brötchen
Marmelade und Nougatkrem
Wurstaufschnitt , Käse und Schinken

Lunch

Fischvariation mit Rucola und Baquettes
HaReKa 346

* *

Panna Cotta
HaReKa 133

Kaffee

Kaffee , Kuchen , Obst

Dinner

Gemüsesuppe mit Würstchen
HaReKa 347

Heimreise

Hansjürgen Hassenzahl

" Das Wochenende an Bord eines Traditionssegler "

Die Beispiel - Einkaufsliste für Selbstversorger
Freitag für 20 Personen

Freitag Seite 1/1

1500	g	Butter
600	g	Mozzarella
4000	ml	Milch 3,5%
300	g	Frischkäse
1500	ml	Schlagrahm / Sahne / Obers
800	g	Gouda in Scheiben
1000	ml	Crème Fraîche
800	g	Käse gerieben
100	g	Parmesan frisch geschabt
2	Köpfe	Blattsalat
1000	g	Zwiebeln
1	Bund	Salbei
1	Bund	Petersilie
1	Knolle	Knoblauch
2000	g	Äpfel
1000	g	Bananen
1	Flasche	Weißwein
1	Flasche	Balsamico
1	Flasche	Olivenöl 1000 ml
800	g	Räucherlachs
800	g	Salami geschnitten
800	g	Rohschinken geschnitten
4	Stangen	Apfelstrudel = ca. 2000 g
1	Pk	Puddingpulver Vanille (37g)
100	g	Mayonnaise
1000	g	Salz
		Pfeffer
		Muskat
1000	g	Reis
1000	g	Mehl
1000	g	Zucker
1	Glas	grüner Pfeffer in der Lake ca. 100 g
1	Glas	Cornichons ca. 250 g
1	Glas	Maiskölbchen ca. 250 g
1	Glas	Pesto ca. 80 g
2000	g	Kaffee

Beispiel - Einkaufsliste ohne Gewähr der Vollständigkeit . Bitte nach eigenen Bedürfnissen der Gruppe ergänzen - vermindern und fehlende Wünsche im Vorfeld klären .

Das Wochenende an Bord

Hansjürgen Hassenzahl

Seite 35

Die Beispiel - Einkaufsliste für Selbstversorger
Samstag 20 Personen

Das Wochenende an Bord

1000	g	Butter
300	g	Emmentaler gerieben
3000	ml	Milch
1000	g	Käseaufschnitt
1000	g	Schafskäse
4000	ml	Schlagrahm
1000	g	Brotaufschnitt
50	pce	Brötchen frisch vom Bäcker oder zum Aufbacken
1	Dose	Krebsbutter zu 100 g
2	pce	Kuchen , je 1500 g
1000	g	Mehl
1	Glas	Senf zu 100 g
750	g	Zartbitterkuvertüre
1 bis 3	Dosen	Mais , mit zusammen 600 g Inhalt
1	Flasche	Weißwein trocken
1	Flasche	Balsamicoessig 0,7 Liter
1500	g	Tagliatelle
1	Pk	Oregano max. 5 g
1	Pk	Muskatnuss max. 20 g
1000	g	Zucker
1	Pk	Haselnüsse klein ca. 100 g
1	Flasche	Eierlikör 0,7 Liter oder kleiner
1	Flasche	Olivenöl 0,7 Liter
1	Flasche	Rapsöl 1 Liter
4	Glas	Nougatkrem
1	Glas	Honig
1	Glas	Pfirsichmarmelade
1	Glas	Erdbeermarmelade
1	Pk	Früchtetee zu 50 Beutel
1	Pk	Tee Pfefferminz zu 50 Beutel
1	Pk	Tee schwarz zu 50 Beutel
1000	g	Kaffee gemahlen

Hansjürgen Hassenzahl

Beispiel - Einkaufsliste ohne Gewähr der Vollständigkeit . Bitte nach eigenen Bedürfnissen der Gruppe ergänzen - vermindern und fehlende Wünsche im Vorfeld klären .

" Das Wochenende an Bord eines Traditionssegler "

Die Beispiel - Einkaufsliste für Selbstversorger
Samstag 20 Personen

Samstag Seite 1/2

70	pce	Eier frisch
1000	g	Tomaten
4	pce	Schlangengurken / Gemüsegurken
7	Köpfe	Salat
800	g	Jungzwiebeln / Frühlingslauch
1	Knolle	Knoblauch
1	Bun	Dill
100	g	Zwiebeln
2	pce	Melone
800	g	Cherrytomaten
5000	g	Kartoffeln
1000	g	Bananen oder Obst nach Wahl
1000	g	Äpfel oder Obst nach Wahl
1000	g	Pfirsiche oder Obst nach Wahl
500	g	Lauch = 1 Stange
1000	g	Paprika
2500	g	Brokkoli frisch oder TK
1000	g	Waldbeeren / Erdbeeren frisch oder TK
1500	g	Lachsfilet
1000	g	Shrimps oder Garnelen
3200	g	Schweinerücken
1000	g	Schinkenaufschnitt gemischt
1000	g	Käseaufschnitt gemischt

Beispiel - Einkaufsliste ohne Gewähr der Vollständigkeit . Bitte nach eigenen Bedürfnissen der Gruppe ergänzen - vermindern und fehlende Wünsche im Vorfeld klären .

Hansjürgen Hassenzahl

Seite
37

Die Beispiel - Einkaufsliste für Selbstversorger
Sonntag für 20 Personen

Sonntag Seite 2/2

500	g	Lauch
500	g	Zwiebeln
1000	g	Blumenkohl
500	g	Karotten
500	g	gelbe Möhren
1000	g	Kohlrabi
1000	g	Kartoffeln
1000	g	Tomaten
5	Pk	Rucola
1	Knolle	Knoblauch
1	Bund	Oregano
1	Bund	Schnittlauch
1	Bund	Petersilie
5	pce	Zitrone
1	pce	Schlangengurken / Gemüsegurken
1000	g	Obst nach Wahl

Hansjürgen Hassenzahl

Seite
38

Beispiel - Einkaufsliste ohne Gewähr der Vollständigkeit . Bitte nach eigenen Bedürfnissen der Gruppe ergänzen - vermindern und fehlende Wünsche im Vorfeld klären .

" Das Wochenende an Bord eines Traditionssegler "

Die Beispiel - Einkaufsliste für Selbstversorger
Sonntag für 20 Personen

Sonntag Seite 1/2

750	g	Butter
3000	ml	Milch
400	g	Kräuterbutter
2000	g	Schlagrahm
500	g	Käseaufschnitt
200	g	Parmesan
40	pce	Eier

2000	g	Pangasiusfilet
2000	g	Zanderfilet
2000	g	Garnelen
2000	g	Würstchen (Frankfurter oder Bockwürstchen) mindestens 20 Paar

2	pce	Kuchen , je 1500 g
10	pce	Baquette zu 300 g
50	pce	Brötchen frisch vom Bäcker oder zum Aufbacken
1	Flasche	Rapsöl
1	Flasche	Balsamico
2	Glas	Basilikumpesto zu 200 g
1000	g	Kaffee
1000	g	Zucker

2	Pk	Gelantine zu je 8 Blatt = 16 Blatt
2	Pk	Vanillezucker von 20 g

Beispiel - Einkaufsliste ohne Gewähr der Vollständigkeit . Bitte nach eigenen Bedürfnissen der Gruppe ergänzen - vermindern und fehlende Wünsche im Vorfeld klären .

Hansjürgen Hessenzahl

**MS Hendrika Bartelds , Veranstaltung Mai 2001 an Bord
einfache Präsentation und Self Service**

Der Gruppentörn

unterwegs auf einem Traditionssegler

Beispielkalkulation Gruppenreise
mit Jugendlichen und jungen Erwachsenen

Der Gruppentörn

Hier liegen meine Erlebnisse bei Selbstversorgergruppen zwischen einem schönen Törn und höllischen Wahnsinn . Und das hat auch den Anlass gegeben , dieses Buch zu schreiben . Ja, Grundorganisation muss schon vorhanden sein . Habe es schon erlebt , da kam eine Schulklasse Sonntags am Abend an Bord nach 7 Stunden Anreise und holten nur das persönliche Gepäck aus dem Bus .
Nur schade , das wir im Außenhafen lagen und in die Stadt war es 3 Km . Etwas zu trinken , gar einen Happen zu Essen ? Fehlanzeige .
Morgens um 8 Uhr ablegen . Aber erst mal Einkaufen ? Denn hungrig ins Bett gehen und dann ohne Frühstück segeln gehen . Nein . Unmöglich .
Also ich erwarte ja nicht , das für die ganze Woche die Lebensmittel mitgebracht werden , aber für die ersten Stunden , soweit sollte das schon klar sein .
Und vorab einen Speiseplan mit der Gruppe absprechen , erste Wünsche erkunden und vorab ein " Wir Gefühl " erzeugen , ein Muss . Einfach drauf losfahren , ja geht auch . Spätestens am 2. Tag ist der erste große Ärger da . Und ist es nicht ein Ziel , auf dem Schiff soziale Kompetenz zu finden , gemeinschaftliches Wirken zu bündeln und Aussenseiter in die Gruppe einbinden ?

Menüvorschag Montag

Frühstück

Anreise

Lunch

Penne mit Tomate und Rucola
HaReKa 95

*  *

bunter Salat
HaReKa 342

Kaffee

Kaffee , Kuchen , Obst

Dinner

Gemüsebrühe mit Flädle

*  *

gebackenes Hühnerschnitzel mit Zitrone
gegrilltes Gemüse
Kartoffeln

*  *

Vanilleeis mit Erdbeeren

Menüvorschag Dienstag

Gruppentörn Jugend

Frühstück

Kaffee , Tee, Milch
Cornflakes , Müsli , Tomate und Gurke
Brot , Butter und Brötchen
Marmelade und Nougatkrem
Wurstaufschnitt , Käse und Schinken

Lunch

Chili Con Carne
Brot
HaReKa 57

* 🚂🚃⛵ *

Melone

Kaffee

Kaffee , Kuchen , Obst

Dinner

Thai Shrimps Salat
HaReKa 47

* 🚂🚃⛵ *

gefüllte Paprika
wahlweise mit Fleisch oder Gemüse
Reis

HaReKa 73

* 🚂🚃⛵ *

Mousse au Chocolat
HaReKa 156

Hansjürgen Hassenzahl

Seite 44

Menüvorschag Mittwoch

Frühstück

Kaffee , Tee, Milch
Cornflakes , Müsli , Tomate und Gurke
Brot , Butter und Brötchen
Marmelade und Nougatkrem
Wurstaufschnitt , Käse und Schinken Anreise

Lunch

Tomaten - Mozzarella Lasagne

bunter Salat
HaReKa 95

Kaffee

Kaffee , Kuchen , Obst

Dinner

gebrannte Grießsuppe mit Lauch

gebratener Fisch mit Sauce Tartar
Kartoffeln
Gurkensalat
HaReKa 26

Rote Grütze mit Vanillesoße
HaReKa 16

Menüvorschag Donnerstag

Frühstück

Kaffee , Tee, Milch
Cornflakes , Müsli , Tomate und Gurke
Brot , Butter und Brötchen
Marmelade und Nougatkrem
Wurstaufschnitt , Käse und Schinken

Lunch

Seemannschmaus
Bandnudeln mit Lachs und Shrimps
HaReKa 326

* 🚢 *

Bananensalat

Kaffee

Kaffee , Kuchen , Obst

Dinner

Gazpacho
HaReKa 184

* 🚢 *

Putenbraten
Käsespätzle
Brokkoli in Nußbutter

* 🚢 *

Tiramisú
HaReKa 94

Menüvorschag Freitag

Frühstück

Kaffee , Tee, Milch
Cornflakes , Müsli , Tomate und Gurke
Brot , Butter und Brötchen
Marmelade und Nougatkrem
Wurstaufschnitt , Käse und Schinken

Lunch

Spaghetti mit Schinken in Sahnesoße

* 🚗🚐⛵ *

Feta - Salat
HaReKa 60

Kaffee

Kaffee , Kuchen , Obst

Dinner

Wraps auf der Heimreise

Heimreise
Es hat sich bisher immer gelohnt , 2 bis 3 Pakete Wraps einzukaufen . Es bleibt immer etwas Salat , Gemüse , Käse , Schinken oder Wurst übrig . Teils verwende ich es für belegte Brote , den Rest als Füllung ab in die Wraps . Die Gruppenteilnehmer freuen sich , für die Heimreise ein Lunchpaket zu haben ☺

Hansjürgen Hassenzahl

Frühlingszwiebeln	1500 g
Penne	3500 g
Lachs frisch	2000 g
Shrimps	3000 g
Olivenöl	1000 ml
Salz	20 g
Pfeffer	20 g
Knoblauch	100 g
Sahne	3000 ml
Krebsbutter	100 g
Zwiebeln	3500 g
Dill	1 Bund
Bananen	2000 g
Mandarinen aus Dose	500 g
Minze	50 g
Mais	2000 g
Fetakäse	1000 g
Oliven	500 g
Instant Gemüsebrühe	500 g
Fischfilet nach Angebot	5000 g
Kartoffeln roh ungeschält	8000 g
Stärke / Mondamin / Maizena	200 g
Vanillezucker	80 g
Zucker	4000 g
Hackfleisch / Faschiertes	6000 g

Beispiel - Einkaufsliste ohne Gewähr der Vollständigkeit . Bitte nach eigenen Bedürfnissen der Gruppe ergänzen - vermindern und fehlende Wünsche im Vorfeld klären .

Hansjürgen Hessenzahl

Seite 48

Chili frisch oder Pulver	10 g
Kreuzkümmel	10 g
Honig	20 g
Kakaopulver	1000 g
Kidneybohnen	4000 g
Tomaten	6000 g
Baquettes 400 g	10 pce
Wassermelone	2000 g
Glasnudeln / asiatische Mienudeln	2000 g
Ananas	200 g
Mango frisch oder Mangochutney	200 g
Koriander	50 g
Sweet Chili Sauce	200 g
Sesamöl	500 ml
Oystersauce	500 ml
Reisessig	100 ml
Ketchup	1500 g
Reis roh	1200 g
Paprika frisch	8000 g
Kuverture	750 g
Rucola	800 g
Cherrytomaten	1000 g
geriebener Hartkäse oder Parmesan geschabt	800 g
Pfeffer	
Pepperocini	

Blattsalat	2 pce
Essig	
Joghurt	125 ml
Flädle	400 g
Panierbrot	500 g
Zitronen	10 pce
Hühnerfilet	3000 g
Zucchini	1000 g
Champignons	1000 g
Auberginen	200 g
Vanilleeis	3000 ml
Erdbeeren	1000 g
Nougatkrem 400 g	6 Glas
Marmelade Erdbeer und Aprikose	3 Glas
Wurstaufschnitt geschnitten Extrawurst/Salami/Schinken	3000 g
Käseaufschnitt geschnitten Gouda/Emmentaler/Camembert	3000 g
Magarine 500 g	4 pce
Cornflakes	2 pce
Müsli	1 pce
Kaffee gemahlen	8000 g
Tee Pfefferminze 50 Beutel	2 pce
Tee Früchte 50 Beutel	2 pce
Tee schwarz Ceylon	2 pce
Obstmix nach Angebot	8000 g
Brot geschnitten	3000 g
Brötchen / Semmeln	150 pce
Kuchen für Teatime	2000 g
Kekse für Teatime	2000 g

Beispiel - Einkaufsliste ohne Gewähr der Vollständigkeit . Bitte nach eigenen Bedürfnissen der Gruppe ergänzen - vermindern und fehlende Wünsche im Vorfeld klären .

Hansjürgen Hessenzahl

meine Standard Kalkulation für belegte Sandwich

Basis können sowohl Brötchen (Semmeln , Weckerl) als auch Baquette oder Sandwichbrot sein . Wahlweise weiß aus Weizen oder Spezialgebäck zum Beispiel mit Roggenmehl . Grundsätzlich bevorzuge ich einen Mayonnaiseaufstrich aus
30% weiß schaumig geschlagener Butter
30% Mayonnaise
40% Frischkäsezubereitung

HaReKa 327
Käse
5	g	Mayonnaiseaufstrich
40	g	Gouda mittelalt = 2 Scheiben
20	g	Tomate in Scheiben = I pce
I	Blatt	Salat

HaReKa 328
Weichkäse
5	g	Mayonnaiseaufstrich
40	g	Camember oder Brie
20	g	Tomate in Spalte = I pce
10	g	Gurke = I Scheibe
I	Blatt	Salat

HaReKa 329
Salami
5	g	Mayonnaiseaufstrich
40	g	Salami = 2 bis 4 Scheiben
20	g	Maiskölbchen = I pce
I	Blatt	Salat

HaReKa 330
Schinken
5	g	Mayonnaiseaufstrich
40	g	Rauchschinken (je nach Gusto und verfügbarkeit : Schwarzwälder , Speck oder Prosciutto) = I Scheibe
20	g	Gewürzgurke = I pce in Fächer geschnitten
I	Blatt	Salat

Hansjürgen Hassenzahl

HaReKa 331

Lachs

5	g	Mayonnaiseaufstrich
50	g	Räucherlachs
20	g	Meerrettich - Lauchsalat
1	Blatt	Salat

HaReKa 332

Räucherfisch

5	g	Mayonnaiseaufstrich
35	g	Forellenfilet oder Pfeffermakrele
10	g	Meerrettichkrem kalkuliert nach Rezeptur HaReKa 339
10	g	Zitrone = 1 Scheibe
1	Blatt	Salat

HaReKa 333

vegetarisch

60	g	Karottensalat
5	g	Walnuss = 1 pce
1	Blatt	Salat

HaReKa 334

Caprese

5	g	Mayonnaiseaufstrich
30	g	Mozzarella = 2 Scheiben
30	g	Tomate = 2 Scheiben
1	Blatt	Salat
4	g	Basilikumpesto

HaReKa 335

Wurst

5	g	Mayonnaiseaufstrich
40	g	Wurst = 2 Scheiben
10	g	rote Zwiebeln in Scheiben
1	Blatt	Salat

Hansjürgen Hassenzahl

Grundmengentabelle

Füllmengen Mousse und Kremspeisen

1 Weißweinglas	=	80 g
1 Nockerl	=	40 g
1 Glasschüssel 19 cm Ø	=	800 g

Standardmengen im Glas

Likörglas	2	cl
Weinglas	125	ml
Wasserglas	200	ml
Timbale	200	ml
Suppenteller	250	ml

amerikanische Mengeneinteilung

Tasse / Cup		=	240	ml
Eßlöffel / Table spoon	Tbs	=	15	ml
Teelöffel / Tea spoon	Tsp	=	5	ml

Maße , Gewichte und Mengen

I glattgestrichener Teelöffel (TL) ist ca.

I Teelöffel Wasser	5 g
I Teelöffel Zucker	8 g
I Teelöffel Salz	8 g
I Teelöffel Mehl	5 g
I Teelöffel Kartoffelmehl	5 g
I Teelöffel Butter , Öl , Fett	8 g
I Teelöffel Backpulver	3 g

Standardmengen

I Liter	(I L)	=10 dl	= 100 cl	= 1000 ml	=	I Liter
I Deziliter	(I dl)		= 10 cl	= 100 ml	=	0,1 Liter
I Zentiliter	(I cL		=	10 ml	=	0,01 Liter
I Milliliter	(I mL)				=	0,001 Liter

Salzmengen auf Nahrungsmitteln

20 g	Salz	auf I Liter Wasser für Reis
8 g	Salz	auf I Liter Wasser für Suppen
15 g	Salz	auf I Liter Wasser zum Kochen von Pasta
8 g	Salz	auf I Liter Wasser zum Kochen von Spätzle
10 g	Salz	auf I Liter Wasser zum Blanchieren von Gemüse
10 g	Salz	auf I Liter Wasser zum Blanchieren auf I Kg Fleisch

Hansjürgen Hassenzahl

Garzeitentabelle

Kerntemperaturen kurzgebratenes Fleisch wie Rindsfilet , Rumpsteak , Lammfilet

blutig roh oder früher blau (deutsch) , **raw** (englisch) **bleu** (französisch)
Das Fleisch hat lediglich eine sehr dünne braune Kruste vom Anbraten , ansonsten ist es noch roh und ein wenig aufgewärmt , daher die niedrige **Kerntemperatur von 40°C bis 45°C** .

rosa blutig (deutsch) , **rare** (englisch) **saignant** (französisch)
Das Fleisch hat eine dünne leicht knusprige Kruste vom Anbraten bekommen , der Kern vom Fleisch ist aber noch blutig rot mit einer **Kerntemperatur von 45°C bis 50°C** .

englisch (deutsch) , **medium rare** (englisch) **à Point** oder anglais (französisch)
Das Fleisch ist innen durchgehend rosa gebraten und besitzt eine schmackhafte braune Kruste mit einer **Kerntemperatur von 50°C bis 58°C** .

halbdurch gebraten oder medium (deutsch) , **medium** (englisch) **demi anglaise** (französisch)
Das Fleisch hat innen noch rosa Farbe im Kern , am Rand jedoch erkennbar eine leichte Bräune wie die Kruste , diese ist auch schon stark ausgebildet , die **Kerntemperatur** hat schon **ca 60°C** .

durch gebraten (deutsch) , **well done** (englisch) **bien cuit** (französisch)
Das Fleisch hat wie die Kruste eine braune Farbe , die **Kerntemperatur** liegt zwischen **65°C und 75°C** .

so wie wir es früher genannt haben . Leider wird das heute mehr vermischt , so das viele Kunden nur noch 3 Stufen kennen :

englisch blutig   Kerntemperatur 45°C bis 50°C
medium   Kerntemperatur 50°C bis 58°C
durch   Kerntemperatur 60°C bis 75°C

Schweinekotelett und Naturschnitzel sollten eine Kerntemperatur von mindestens 60°C haben

Geflügel sowieso mindestens 80°C wegen Salmonellengefahr , und so ist es als Kurzgebratenes auch noch saftig , es sei denn , es liegt mehr als 10 Minuten und der Saft rinnt aus dem Fleisch .

Geflügel

Gans , Pute und Ente im Ganzen gebraten

6	Kg	ca. 4	Stunden bei	130°C
5	Kg	ca. 3,5	Stunden bei	130°C
4	Kg	ca. 3	Stunden bei	130°C
3	Kg	ca. 3	Stunden bei	130°C
2,5	Kg	ca. 3	Stunden bei	130°C

entscheidend für die Garzeit ist die Qualität des Ofens . Zeiten entsprechen für Convectomat und Umluft , ohne Umluft verlängert sich die Garzeit . Hier ist zu beachten , unbedingt die erste Stunde die Gans erst auf der Brust schmoren , danach wenden , sonst trocknet die Brust aus .

Pute als Braten

2	Kg	ca. 40	Minuten bei	140°C Convectomat/Ofen trockene Hitze dicke Stücke 10 Minuten länger , kann aber schnell trocken werden

Schneiden und Schnittformen

Am besten immer sehr scharfe Messer benutzen . Das verringert das Verletzungsrisiko , da weniger Druck ausgeübt werden muß und dafür mehr Konzentration auf die Führung des Messers gelegt wird .
Auch sollte das Messer richtig fest gehalten werden -

Die beste Methode zu schneiden ist es . Die Messerspitze auf dem Schneidebrett halten und durch gleichzeitiges Ziehen und Drücken das Produkt zu zerteilen . Dabei immer die Finger der Führungshand wie eine Kralle beugen , den Daumen nach hinten wie eine Stütze . So streift das Messer nur leicht die Finger , die Finger kommen nicht unter das Messer . Gleichzeitig kann das Messer besser stabil geführt werden und der Schnitt durch das Produkt ist geradlinig .

Grundschnittformen

Würfel

Brunoise — feinwürfelig schneiden in 1 mm Würfel

Jardinière — würfelig schneiden in 5 mm Würfel

Macédoine — würfelig schneiden in 10 mm Würfel

Gulasch — grob würfelig schneiden in 20 mm Würfel

Streifen

Chiffonnade — 1 mm Streifen

Julienne — 2 mm Streifen

Bâtonnets — 5 mm Streifen

Blättrig

Paysanne — quadratische Scheiben 1 x 1 cm

Vichy — runde Scheiben

Rauten — Scheiben

Demidov — gewellte Scheiben

Gaufrette — Waffeln

Um die Waffelform zu erhalten , wird der Hobel dabei einmal von der Länge und einmal von der Breite über das Gemüse geschoben .

Rezepturen

Kalkulationsbeispiele

Die folgenden Rezepturen werden nummeriert mit dem Kürzel HaReKa + Nummer benannt :
HaReKa steht für **Ha**nsjürgens **Re**zeptur **Ka**talog - liegt in der Küche aus -
Das war seit meiner Lehre als Koch eine lose Karteikarten im DIN A8 Format , ist heute mein Synonym für meine 2005 erstmals erstellte Rezept - Datenbank . Damals noch auf Microsoft Excel .
Heute verwende Ich HaReKa + Nummer zur eindeutigen Identifizierung der Rezepturen und Anrichtebeispiele , um Sie in meiner Datenbank zum Beispiel für die Mengenkalkulation und Menügestaltung leichter zufinden .
Die Rezepturen wurden von mir über die Jahre erarbeitet und gesammelt in meinem persönlichen Arbeitsablauf . Abgewandelt finden sich Anrichtebeispiele und Rezepturen sicherlich in vielen Rezeptbüchern meiner Lehrlinge und einiger Kollegen . Also keine Geheimnisse , nur einfache Standardbeispiele und klassische Rezepturen , die vielfach erprobt sind .

Hansjürgen Hassenzahl

Seite
63

gebratener Schafskäse auf Blattsalat

Rezeptgrundeinheit 10 Personen

Zutaten

1000	g	Schafskäse
400	g	= 40 Scheiben Bauchspeck/Frühstücksspeck
400	g	Paprika
1500	g	Blattsalat gemischt
400	g	Cherrytomaten
150	ml	Balsamicodressing nach Rezeptur HaReKa 118

Zubereitung

Schafskäse in 40 Streifen zu 1 x 3 cm schneiden . Mit dem Speck umwickeln .
Paprika putzen und in 5 mm breite Streifen schneiden .
Schafskäseröllchen und Paprika grillen .
Tomaten halbieren , Salat putzen . Beides auf dem Teller dressieren . Mit Balsamicodressing würzen und mit den noch lauwarmen Schafskäseröllchen und Paprika garnieren .

 HaReKa 342

Grundsalat

Rezeptgrundeinheit 10 Personen

Zutaten

30	g	= ca. 1,5 EL Kartoffelsalat
30	g	= ca. 1,5 EL Gurkensalat
30	g	= ca. 1,5 EL Maissalat
30	g	= ca. 1,5 EL Paprikastreifen
50	g	Blattsalat gemischt
30	g	= ½ Tomate in Ecken = 4 pce
15	ml	Dressing nach Wahl

Zubereitung

alle Zutaten ansprechend für das Auge dressieren .

Rezepturen

HaReKa
342
343

Hansjürgen Hassenzahl

Seite
64

 HaReKa 326

Bandnudeln mit Lachs und Shrimps

Rezeptgrundeinheit 1 Portion

Zutaten

80	g	Tagliatelle
50	g	Frühlingszwiebeln
50	g	Lachs frisch
60	g	Shrimps
10	g	Olivenöl
1	g	Salz
5	g	Pfeffer , weiß
5	g	Knoblauch
30	g	Schlagrahm
5	g	Krebsbutter
10	ml	Weißwein
3	g	Zwiebel
2	g	Dill

Zubereitung

Frühlingszwiebeln fein schneiden , Lachs in Würfel von 1 x 1 cm schneiden .
Zwiebel und Knoblauch würfelig (Brunoise) schneiden . Zwiebel in Olivenöl leicht braun anbraten Knoblauch dazu , mit Weißwein ablöschen . Rahm dazugeben , aufkochen , abschmecken mit Salz und Pfeffer . Mit Krebsbutter binden , Frühlingslauch , Shrimps und Lachswürfel dazugeben , gar ziehen bei ca. 80°C , nicht mehr kochen .

Für die Pasta kochendes Wasser salzen und die Pasta dazugeben . Abseihen und Anrichten .

Anrichten

Soße mit der Pasta vermischen . Mit Kräutern garnieren .

Hähnchenbrust mit grünem Pfeffer

Poularde au poivre vert

Rezeptgrundeinheit 10 Portionen

Zutaten

1000	ml	Crème fraîche
10	pce	Hähnchenbrust oder besser Maispoulardenbrust à 180 g
100	g	grüner Pfeffer in Lake eingelegt
100	g	Armagnac (evtl. Cognac)
1000	ml	Geflügelfond
		Salz nach Bedarf
		Pfeffer nach Bedarf

Zubereitung

Die Hähnchenbrüste mit Wasser abspülen und Trockentupfen . Die Hähnchenbrüste auf der Hautseite in einer kalten Gußpfanne ohne Fett . Bei niedriger Hitze ca. 20 Minuten braten . Herausnehmen und Warmstellen . Fett abgießen , Pfefferkörner hineingeben , mit Armagnac ablöschen und reduzieren . Crème fraîche und Geflügelfont dazugeben und reduzieren . Mit Salz und Pfeffer abschmecken .

Anrichten

Mit Baquette und Rotwein , bevorzugt Beaujoulais oder Bordeaux servieren .

Vanillesoße

Rezeptgrundeinheit = 1 Liter

Zutaten

800	g	Milch
80	g	Kristallzucker
1	pce	Vanilleschote
48	g	Dotter
24	g	Krempulver

Zubereitung

Milch mit Zucker und Vanilleschoten aufkochen . Etwas ziehen lassen , Vanille herausnehmen . Mit Krempulver und Dotter abziehen .

 HaReKa 133

Panna Cotta gestürzte Vanillesahne

Rezeptgrundeinheit = 1,2 Liter für 10 Portionen

Zutaten

1000	g	Rahm
300	g	Zucker
8	Blatt	Gelatine
20	g	Vanillezucker oder 1 Vanillestange

Zubereitung

Gelatine in kaltem Wasser einweichen . Rahm mit Zucker und Vanillestange kurz auf 100 °C erwärmen . Vanillestange herausnehmen und in die noch warme Sahne die ausgedrückte Gelatine einrühren . Sofort in Förmchen füllen und min. 3 Stunden zum Stocken kalt stellen . Mit Früchten und Himbeermark anrichten .

 HaReKa 101

Käsesuppe

Rezeptgrundeinheit 20 Personen

Zutaten

250	g	Zwiebel
300	g	Butter
150	g	Mehl
2500	ml	Gemüsebouillon
1500	ml	Rahm
1000	ml	Weißwein
800	g	Käse
30	g	Petersilie
3	g	Muskatnuss
10	g	Pfeffer
25	g	Salz

Zubereitung

Zwiebelwürfel in Butter glasig anschwitzen , mit Mehl bestäuben und mit Wein ablöschen . Die Bouillon aufgießen und aufkochen . Den Rahm dazugeben und 10 Minuten köcheln lassen . Danach den geriebenen Käse unterrühren und abschmecken .

Anrichten

Mit grob zerkleinerter Petersilie bestreut servieren .

Karotten / Ingwer Gemüse

Rezeptgrundeinheit 10 Personen

Zutaten

1000	g	Karotten
200	g	Möhren , gelbe
30	g	Butter
20	g	Ingwer
10	g	Koriander
50	ml	Gemüsebrühe
8	g	Zucker
3	g	Salz

Zubereitung

Ingwer würfelig (Brunoise) schneiden .
geschälte Karotten und Möhren in Streifen (Julienne) oder Scheiben (Paysanne) hobeln .
Ingwer Karotten und Möhren mit Zucker kurz farblos anbraten , mit Gemüsebrühe ablöschen ,
würzen mit Salz und gar dünsten .

HaReKa 339

Meerrettich (Kren) Dip

Rezeptgrundeinheit 10 Personen

Zutaten

200	g	Frischkäsezubereitung
20	g	Meerrettich

Zubereitung

Meerrettich in den Frischkäse reiben und verrühren .

 HaReKa 340

einfacher Tomatensalat

Rezeptgrundeinheit 10 Personen

Zutaten

1000	g	Tomaten
100	g	Zwiebeln
40	ml	Olivenöl
50	ml	Balsamico weiß
1	g	Pfeffer
6	g	Salz
4	g	Schnittlauch

Zubereitung
Tomaten in Ecken oder Scheiben schneiden .
Zwiebel würfelig (Brunoise) schneiden .
Schnittlauch in feine Röllchen schneiden .
Aus Essig , Öl , Pfeffer und Salz eine Vinaigrette rühren , mit den Tomaten , Zwiebeln und Schnittlauch vermischen .

 HaReKa 341

Schweinefleisch in milder Chilisoße

Rezeptgrundeinheit 10 Personen

Zutaten

1600	g	Schweinenuß oder Schweinskaree
200	g	Zwiebeln
100	g	Jungzwiebeln
100	g	Sojasprossen
5	g	Knoblauch
5	g	Ingwer
400	g	Sojasoße
240	g	Sweet Chili Sauce
200	g	Sesamöl
10	g	Reisessig

Zubereitung
Schweinefleisch in Streifen schneiden .
Zwiebeln und Ingwer würfelig (Brunoise) und Jungzwiebeln in Röllchen schneiden .

Das Schweinefleisch in Sesamöl anbraten . Zwiebeln , Ingwer und Knoblauch dazugeben , kurz mit braten . Aufgießen mit Sojasoße und Chilisauce mit Reisessig abschmecken . Gar dünsten und kurz vor dem Servieren Jungzwiebeln und Sojasprossen dazu geben und einmal aufkochen . Servieren .

 HaReKa 95

Tagliatelle mit Tomaten und Ruccola

Rezeptgrundeinheit 1 Portionen

Zutaten

40	g	Ruccola
50	g	Cherry Tomaten
50	g	Parmesan , geschabt
80	g	Tagliatelle
10	ml	Olivenöl
10	g	Knoblauch
5	g	Pfeffer
10	g	Salz
5	g	Pepperoncini

Zubereitung

Für die Pasta kochendes Wasser salzen und die Pasta dazugeben .

Olivenöl in einer Pfanne erhitzen und die ganzen Knoblauchzehen etwas anbraten . Die Cherry Tomaten halbieren und zum Knoblauch in die Pfanne geben . Mit Salz und Pfeffer würzen . Ruccola putzen und große Blätter halbieren . Knoblauchzehen herausnehmen , nach Geschmack mehr oder weniger Pepperoncini zugeben . Kurz bevor die Pasta al dente sind , den Ruccola und den Tomatenwürfeln in die Pfanne geben . Pasta abgießen und auch ab damit in die Pfanne . Alles vermischen , in Teller anrichten . Zum Schluß geriebenen oder geschabten Käse drüberstreuen .

 HaReKa 27

Joghurt Dressing

Rezeptgrundeinheit 30 Portionen / 1 Liter

Zutaten

900	g	Joghurt
15	g	Schnittlauch
30	g	Petersilie
15	g	Dill
8	g	Basilikum
10	g	Knoblauch
15	g	Zucker
30	g	Salz

Zubereitung

Alle Zutaten im Blender aufmixen .
Bitte ausschließlich frische Kräuter benutzen .

gefüllte vegetarische Zucchini

Rezeptgrundeinheit 10 Portionen

Zutaten

2000	g	Zucchini = 10pce
100	g	Zwiebeln
50	g	Knoblauch
300	g	reife Tomaten
10	Blatt	Salbei , in Streifen geschnitten
1	pce	Lorbeerblatt
20	g	Zucker
100	g	Balsamicoessig
		Pfeffer
250	g	Parmesan , gerieben

Zubereitung

Die Zucchini waschen , trocken tupfen , die Enden knapp abschneiden , längs halbieren und mit einem Teelöffel aushöhlen . Das ausgeschabte Fruchtfleisch fein hacken .
Zwiebel und Knoblauch schälen und fein würfeln . Tomaten häuten , entkernen , das Fruchtfleisch klein schneiden .
Den Backofen auf 200°C vorheizen .
Währenddessen 2 EL Öl in einer Pfanne erhitzen , Zwiebeln und Knoblauch glasig dünsten , den Essig dazugeben und alles bei kleiner Hitze 20 Minuten schmoren . Die Masse mit Salz und Pfeffer kräftig abschmecken . In die Zucchinihälften füllen .
Gefüllte Zucchini auf ein gefettetes Backblech setzen , mit Parmesan bestreuen . Das restliche Öl darüber träufeln . 20 – 30 Minuten backen .

 HaReKa 118

Balsamico Dressing

Rezeptgrundeinheit 1 Liter

Zutaten

40	g	Dotter
10	g	Dijon Senf
300	g	Roter Balsamico
300	g	Olivenöl
300	g	Distelöl
5	g	Knoblauch
10	g	Zucker
20	g	Salz

Zubereitung

Die Öle unter die restlichen Zutaten im Blender mixen .

 HaReKa 129

Kräuterrahmdressing

Rezeptgrundeinheit 2,2 Liter

Zutaten

2000	g	Sauerrahm
30	g	Zitronensaft
50	g	Salz
50	g	Zucker
20	g	Petersilie gehackt
30	g	Schnittlauch in feine Röllchen geschnitten
5	g	Dill

Zubereitung
Alle Zutaten im Blender mixen .

 HaReKa 288

Kürbiskern - Vinaigrette

Rezeptgrundeinheit 5 Liter für 50 - 100 Portionen

Zutaten

2000	g	Kürbiskerne
2000	g	Paprikamix (gelb , grün , rot , orange) = ca. 15 pce
3000	ml	Dressing Standard
		Salz
Pfeffer		
1000	ml	Kürbiskernöl

Zubereitung
Kürbiskerne im Kutter aufmixen .
Paprika würfelig (Brunoise) schneiden .
Dressing im Blender mit Kürbiskernöl aufmixen und die restlichen Zutaten unterrühren .
Mit Salz und Pfeffer nachwürzen .

Rezepturen

 HaReKa 156 Restaurant

Mousse au chocolat

Rezeptgrundeinheit 2600 g

Zutaten

750	g	Zartbitter - Kuvertüre
1500	g	Sahne
300	g	Eidotter = von 15 pce
400	g	Eiklar = von 15 pce
75	g	Zucker
25	g	Cointreau
1	g	Salz = 1 Prise

Zubereitung
Kuvertüre im Wasserbad schmelzen .
Die 15 Eier trennen . Den Eidotter mit dem Zucker schaumig schlagen . Eimasse unter die flüssige Schokolade rühren und abkühlen lassen .
Eiklar mit einer Prise Salz steif .
Sahne steif schlagen mit dem Eischnee unter die abgekühlte Schokoladenmasse heben .

Pfannkuchen / Palatschinken / Crêpes mit Kartoffelfüllung

Rezeptgrundeinheit 10 Personen

Zutaten Teig

625	g	Mehl
400	g	Vollei von 8 pce
625	g	Milch 3,5%
625	ml	Mineralwasser

Zutaten Füllung

1000	g	Kartoffeln geschält
100	g	Tomaten
500	g	Lauch = 1 Stange
100	g	Zwiebeln
5	g	Knoblauch
		Salz
		Pfeffer
		Oregano
10	ml	Rapsöl
200	g	Emmentaler gerieben

Zubereitung

Zuerst den Pfannkuchenteig rühren und 20 Minuten ruhen lassen .

In der Zwischenzeit die Kartoffeln gar kochen , gut auskühlen lassen und in große Würfeln (Macédoine) schneiden .

Oregano zupfen .

Die Tomaten und Zwiebeln würfelig (Brunoise) schneiden .

Lauch waschen und in Streifen (Julienne) schneiden und zusammen mit dem Zwiebeln in Öl farblos anbraten . 50 g Emmentaler Käse , die Tomaten und Kartoffel mit dem Lauch und Zwiebeln vermischen . Mit Salz , Pfeffer und Oregano abschmecken .

Die Pfannkuchen backen und mit der Kartoffelmasse füllen . In eine Auflaufform geben , mit Käse bestreuen und im Ofen bei 180°C ca. 10 bis15 Minuten backen .

Rezepturen

Gulaschsuppe

Rezeptgrundeinheit für 20 Personen

Zutaten

2500	g	Rindsschulter
2500	g	Zwiebeln
100	g	Rapsöl
30	g	Knoblauch
40	g	Paprika gemahlen edelsüß
60	g	Tomatenmark
5	g	Kümmel
1000	g	Kartoffeln
1000	g	Paprika
5000	ml	Wasser
		Salz
		Pfeffer

Zutaten Gewürzmischung

5	g	Majoran
1	g	Fenchelsamen
2	g	Koriandersamen
4	g	Oregano gerebelt

Zubereitung

<u>Topf 1</u>
Zwiebeln in Streifen schneiden und in Rapsöl hellbraun anbraten . Paprika , und Knoblauch dazu geben und mitbraten - aber Achtung , brennt schnell an - . Tomatenmark und Kümmel hinzu , kurz mitbraten und mit Wasser auffüllen . Aufkochen und mit dem Stabmixer pürieren .

<u>Topf 2</u>
Das in Würfeln geschnittene Rindfleisch in Rapsöl hellbraun braten . Mit dem Sud aus Topf 1 auffüllen . Nach etwa 3/4 der Kochzeit gewürfelte Kartoffeln , Paprika und die Gewürzmischung zugeben und mit Salz und Pfeffer nachwürzen .

 HaReKa 76

Käse – Broccoli - Reibeburger

Rezeptgrundeinheit 10 Portionen

Zutaten

1000	g	Kartoffeln
1000	g	Brokkoli
300	g	Vollei von 6 pce frischen Eiern
200	g	Mehl
300	g	Paniermehl
1000	g	Käse
60	g	Pfeffer
120	g	Salz
20	g	Paprika , edelsüß
1000	ml	Rapsöl zum frittieren

Zubereitung

Zuerst den Broccoli blanchieren und der Käse raspeln . Kartoffeln kochen und reiben . Das abgegossene Gemüse im Blender zu Mus verarbeiten . In eine Schüssel geben und alle anderen Zutaten einrühren , zu einer zähflüssigen Masse . Zum Schluß den Käse hineinkneten . Aus der Masse flache Bällchen (Frikadellen / Laibchen) formen und in reichlich Öl braun ausbraten .

 HaReKa 346

Variation von Fisch und Garnele

Rezeptgrundeinheit 1 Personen

Zutaten

100	g	Pangasius
100	g	Zander
100	g	Garnelen 70/80 , geschält
50	g	Kräuterbutter
50	g	Rucola
10	g	Basilikumpesto nach Rezeptur HaReKa 312
1	Scheibe	Zitrone
50	g	Tomate
		Salz
		Pfeffer
1	cl	Balsamico

Zubereitung

Eine Tomate in Scheiben schneiden . Rucola waschen und in 3 cm große Stücke schneiden . Garnelen auf einen Holzspieß stecken .
Pangasius , Zander und Garnelenspieß in der Pfanne in Kräuterbutter braten . Mit Salz und Pfeffer würzen .

Anrichten

Rucola auf Teller dressieren . Mit Balsamico würzen . Tomaten am rechten Rand setzen und Pesto darauf als Nocke geben . Fisch auf Teller geben und mit etwas Kräuterbutter aus dem Bratsatz darauf verteilen .

 HaReKa 275

Beerenragoût

Rezeptgrundeinheit 25 Portionen

Zutaten

1000	g	Beeren
200	g	Kristallzucker
200	ml	Rotwein
150	ml	Orangenjus
30	g	Maizena oder Puddingpulver
5	g	Vanillezucker oder 1 pce Vanillestange
1	pce	Nelke
1	pce	Zimtstange
1	pce	Sternanis
5	g	Orangenzeste

Zubereitung

Rotwein , Orangenjus , Nelke , Zimt , Sternanis , Orangenzeste , Zucker und Vanillezucker aufkochen . Abseihen ,
Maizena anrühren .
Den Sud aufkochen , mit Maizena abbinden und Beeren in die warme Masse geben und kaltstellen .

Fenchelsalat mit Schwarzwälder Schinken

Rezeptgrundeinheit ca. 820 g = 10 Pax

Zutaten

500 g	Fenchel
15 g	Ingwer
70 g	Kristallzucker
800 g	Orangen = ca. 5 pce Ganze
250 g	Kiwi = ca. 3 pce
1 cl	Orangenjus oder Orangenlikör
300 g	Schwarzwälder Schinken = ca. 20 Scheiben

Zubereitung
Den Fenchel in Streifen (Julienne) schneiden .
Den Ingwer in kleine Würfel (Brunoise)
Die Orangen filetieren
Die Kiwi in grobe Würfel (Macédoine) schneiden

Den Zucker in der Pfanne mit dem Ingwer karamellisieren , mit Orangenjus oder je nach Gusto mit Orangenlikör ablöschen , den Fenchel hinzugeben und kurz anbraten . Abkühlen lassen und die Orangenfilets untermischen .

Anrichten
Mit einer Rose aus Schinken garnieren

 HaReKa 216

Randensalat / rote Rüben Salat

Rezeptgrundeinheit 1000 g

Zutaten

1000	g	Randen gekocht würfelig (Rote Beete)
110	g	Zwiebeln , rot würfelig (Brunoise)
10	g	Senf
10	g	Meerrettich
10	ml	Olivenöl

Zubereitung
Alle Zutaten mischen .

Rezepturen

 HaReKa 299

Reis Trautmannsdorff

Rezeptgrundeinheit 1790 g für 10 Portionen

Zutaten

750	g	Milch 3,5%
160	g	Reis Rundkorn (Parboiled Reis geht auch)
40	g	Vanillezucker
80	g	Kristallzucker
10	g	Salz
500	g	Fruchtcocktail aus Dose
250	ml	Schlagrahm

Zubereitung

Reis in Milch mit Vanillezucker , Salz und Zucker weich kochen . Abkühlen lassen . Früchte abtropfen lassen . Rahm schlagen und unter die Reismasse heben .

 HaReKa 26

Sauce Tartare

Rezeptgrundeinheit 1 Liter für 10 Portionen

Zutaten

500	g	Mayonnaise
20	g	Petersilie
360	g	Gewürzgurken
200	g	Eier gekocht
80	g	Kapern
10	g	Salz
10	g	Pfeffer
360	g	Perlzwiebeln

Zubereitung

Petersilie hacken . Gurken , Eier , Perlzwiebeln und Kapern (evtl. körnig cuttern) und gut ausdrücken . Ergibt ausgedrückt 480 g . Mit Mayonnaise mischen .

Chili con Carne

Rezeptgrundeinheit 10 Portionen

Zutaten

2000	g	Hackfleisch vom Rind
200	g	Bauchspeck , geräuchert , in Würfeln geschnitten (Brunoise)
400	g	Tomaten aus der Dose = 1/1 Dose
400	g	Tomaten , frisch in Würfeln (Brunoise)
100	g	Karotten in Würfeln (Brunoise)
50	g	Sellerie in Würfeln (Brunoise)
50	g	Lauch in Würfeln (Brunoise)
250	g	Paprika in Würfeln (Brunoise)
100	g	Zwiebeln in Würfeln (Brunoise)
50	g	Knoblauch in Würfeln (Brunoise)
30	g	Basilikum
20	g	italienische Kräutermischung
20	g	Paprika edelsüß
30	g	rote Chilischoten
20	g	Chilipulver
50	g	Tomatenmark
30	g	Rinderbrühe
20	g	Salz
400	ml	Rotwein , trocken
50	g	Schmalz
4	pce	Lorbeerblatt
20	g	Kreuzkümmel
10	g	Koriander
1000	g	rote Bohnen , vorgekocht
2	pce	Zitronen
30	g	Zucker
300	g	Sauerrahm

Zubereitung

Gemüse in Würfel schneiden . Speck mit Zwiebeln und Knoblauch in Schmalz auslassen . Das Hackfleisch dazugeben und braten . Poree , Chili , Sellerie , Karotten , zugeben und weiterbraten . später Paprika , die frischen Tomaten , Chilipulver , Kräuter , Gewürze und geschälte Tomaten aus der Dose dazugeben . Aufstoßen lassen . Kidneybohnen dazugeben und mit Zitrone und Zucker abschmecken .
Sollte der Eintopf vorgekocht werden , dann beim Erwärmen Sauerrahm dazugeben .

Anrichten

Mit trockenem Rotwein , Baquette und Salat servieren .

Gemüseeintopf

Rezeptgrundeinheit 20 Personen

Zutaten

50	g	Butter
50	g	Knoblauch (Brunoise)
500	g	Zwiebeln in Würfeln (Brunoise)
500	g	Lauch in Streifen
1000	g	Blumenkohl in Würfeln (Macédoine)
500	g	Karotten in Würfeln (Macédoine)
500	g	gelbe Möhren in Würfeln (Macédoine)
1000	g	Kohlrabi in Würfeln (Macédoine)
1000	g	Kartoffeln in Würfeln (Macédoine)
		Salz
		Pfeffer
1	Bund	Petersilie geschnitten
1	Bund	Schnittlauch in feine Röllchen
1	Bund	Liebstöckel geschnitten
1	Bund	Oregano gezupft
6000	ml	Gemüsebrühe

Zubereitung

Zwiebeln , Möhren , Kartoffeln in Butter goldgelb anrösten Kohlrabi und Kartoffeln dazugeben . Mit Bouillon aufgießen . Nach Hälfte der Kochzeit den Lauch , Blumenkohl , Knoblauch hinzugeben und gar kochen . Mit den Kräutern und Gewürzen schmackhaft ergänzen .

Rezepturen

gefüllte Paprika vegetarisch

Rezeptgrundeinheit 10 Portionen

Zutaten

1400	g	Paprika (10 pce)
500	g	Weißbrot
400	g	Aubergine in Brunoise
40	g	Olivenöl
20	g	Knoblauch
1000	g	Feta - Käse
200	g	Schmand
10	g	Pfeffer
10	g	Salz
10	g	Petersilie
10	g	Thymian
100	g	Kapern
1000	g	Tomatenpelati (5/1 Dose) 250 g

Zubereitung

Paprikaschoten waschen , Deckel abschneiden und aushöhlen . Olivenöl in einer Pfanne erhitzen , das Weißbrot und die Auberginenwürfel schneiden und darin rösten . Den Knoblauch dazupressen und kurz mitrösten . Feta würfeln , mit dem Schmand , Salz , Pfeffer , Thymian , Kapern und fein gehackter Petersilie mischen . Zuletzt die gerösteten Brotwürfel untermischen . Das Ganze in die Schoten füllen , Deckel draufsetzen und in eine Auflaufform stellen .
Die Tomatenpelati mit Salz und Pfeffer würzen , um die Paprikaschoten verteilen und für ca. 45 Minuten bei 200°C in den Ofen . Nach ca. 20 Minuten mit Alufolie abdecken , damit die Schoten nicht verbrennen .

 HaReKa 46

Crispy Porkdressing
sweet Asia Salat Dressing

Rezeptgrundeinheit 1 Liter

Zutaten
400	g	Oystersuce
240	g	Sweet Chilli Sauce
120	g	Reisessig
240	g	Ketchup
60	g	Sesamöl
20	g	Minze

Zubereitung
alle Zutaten im Blender zu einer glatten Soße mixen .

 HaReKa 47

Thai – Shrimps Salat mit Glasnudeln

Rezeptgrundeinheit 3000 g für 10 Personen

Zutaten
1000	g	Glasnudeln
1000	g	Shrimps
200	g	Frühlingszwiebeln
100	g	Ananas
100	g	Mango
30	g	Koriander
100	g	Tomaten in Würfeln
10	g	Zitronensaft
100	g	Chilisauce
20	g	Sesamöl
400	g	Sweet Crispy Dressing (Rezeptur HaReKa 46)

Zubereitung
Glasnudeln kochen
Frühlingszwiebeln in feine Scheiben schneiden .
Annanas und Koriander in Würfel (Macédoine) schneiden .
alle Zutaten zu einem feinen Salat vermischen .

Feta Salat

Rezeptgrundeinheit 5000 g

Zutaten

2800	g	Zuckermais (3/I Dose)
700	g	Paprika rot
14	g	Koriander
1700	g	Fetakäse
350	g	Olivenöl
100	g	Zwiebeln , rot , geschält
10	g	Zitronensaft

Zubereitung

Paprika und Zwiebeln in Streifen (Julienne) und Fetakäse würfelig (Macédoine) schneiden .
Alle Zutaten mischen .

 HaReKa 96

Spaghetti alla Puttanesca

Rezeptgrundeinheit I Portion

Zutaten

100 g	Spaghetti
50 g	Zwiebel , in Würfeln
10 g	Knoblauch
5 g	Chili
10 g	Olivenöl
10 g	Salz
5 g	Pfeffer , weiß
10 g	Sardellen
5 g	Oregano
30 g	Oliven
20 g	Kapern

Zubereitung

Das Olivenöl in einem großen Topf erhitzen . Zwiebeln , Knoblauch und Chilis auf niedriger Temperatur ca. 6 Minuten darin dünsten , bis die Zwiebeln glasig sind . Sardellen dazugeben . Tomaten , Oregano , Oliven und Kapern hineingeben und zum Kochen bringen . Die Hitze reduzieren , würzen und wenige Minuten köcheln lassen .

Zwischenzeitlich die Pasta in einem großen Topf mit kochendem Salzwasser al dente kochen . Abgießen , mit der Soße mischen und sofort servieren .

 HaReKa 94

Tiramisù

Rezeptgrundeinheit

Zutaten

75	g	Zucker
60	g	Eidotter von 7 pce
4	cl	Amaretto oder San Marzano
500	g	Mascarpone
250	ml	Espresso
250	g	Löffelbiskuit
30	g	Kakao = 2 EL
50	g	Sahne

Zubereitung Crème

Eidotter und Zucker warm aufschlagen . 2 cl Amaretto , Mascarpone und geschlagene Sahne unterheben .

Zubereitung Tiramisù

Espresso und den Rest Amaretto vermischen . Löffelbiskuit kurz tränken und auslegen . Mit ca. 1 cm Crème bestreichen . dies 3 x . Oben auf die Crème Kakao streuen .

Gazpacho

Rezeptgrundeinheit 10 Portionen

Zutaten

1600	g	geschälte Tomaten = 1 x 3/1 Dose
300	g	Paprika TK in Würfeln
100	g	Zwiebeln in Brunoise
200	ml	eiskaltes Wasser
50	ml	Olivenöl
300	g	Gurken = 3 pce
300	g	frische Tomaten = 10 pce
100	g	Paprika gelb
		Salz
		Pfeffer
		Chilischoten oder Tabasco
10	ml	Zitronensaft von ½ pce

Zubereitung

2 Gurken aushöhlen . In Brunoise schneiden . Die restliche Gurke mit dem ausgeschältem Inneren zusammen mit den geschälten Tomaten aus der Dose , der TK Paprika , den Zwiebeln , dem Wasser und Olivenöl aufmixen .
Die gelbe Paprika würfeln . Paprika und Gurkenwürfel unter die Tomatensuppe geben , mit Salz, Pfeffer , Tabasco und Zitronensaft abschmecken .

Radieschensalat

Rezeptgrundeinheit 1500 g für 20 - 30 Portionen

Zutaten

1200 g	Radieschen , in Julienne
200 g	Gartenkresse
200 g	Pinienkerne
30 g	Rotweinessig
50 g	Walnußöl
10 g	Salz

Zubereitung
Alle Zutaten mischen .

Chili non Carne
Chilli vegetarisch

Rezeptgrundeinheit 10 Portionen

Zutaten

50	g	Olivenöl
160	g	Tomaten geschält (Dose)
50	g	Zwiebeln
10	g	Knoblauch
30	g	Basilikum
30	g	Paprikapulver , edelsüß
60	g	Chilipulver
50	g	Tomatenmark
25	g	Gemüsebrühe , Paste
10	g	Salz
1	pce	Lorbeerblatt
10	g	Kreuzkümmel (½ Teelöffel)
325	g	rote Bohnen (1/1 Dose)
175	g	Aubergine
175	g	Mais (1/1 Dose)
125	g	Paprika
200	g	gekochter Reis (vom Vortag ?)

Zubereitung

Zwiebelwürfel mit Olivenöl anbraten , Tomatenmark dazugeben und weiterbraten , bis Alles eine leicht rot – braune Farbe bekommt . Zuerst alle Gewürze , dann die gehackten , geschälten Tomaten aus der Dose hinzugeben und abschmecken . In Würfel (1 cm) geschnittene Aubergine und Paprika separat anbraten .
Zum Schluß kommen Auberginen , Paprika, die roten Bohnen , der Mais und der Reis vor dem letzten Aufkochen dazu .

Rezepturen

Bücher aus der Arbeitsbuch Serie von Hansjürgen Hassenzahl

Arbeitsbuch Catering
Verpflegung an Bord eines Segelschiffes
Handbuch zur Reisevorbereitung für Gruppenleiter
ISBN 9 783839 190678

Arbeitsbuch Küche
HaReKa 2010
Hansjürgens Rezeptur Katalog Ausgabe 2010
ISBN 9 783839 184455

Arbeitsbuch Küche
Anrichtebeispiele von Menükomponenten
Band I Tellerservice
ISBN 9 783839 180549

Zeitschriften aus der Küchenmagazin Serie

Hansjürgens Kochbüchlein
Kochmagazin Ausgabe 2010
ISBN 9 783842 337237

Leseproben , Verstellung neuer Bücher ,
Bereitstellung von Formularen
schaut euch um auf
hassenzahl.bodautor.de